आदमी की तरफ़

निदा फ़ाज़ली

वाणी प्रकाशन

प्रकाशन के उत्कृष्टतम 61 वर्ष

सजिल्द पहला संस्करण : 2010
सजिल्द दूसरा संस्करण : 2015
सजिल्द तीसरा संस्करण : 2024

vaniprakashan.com

वाणी प्रकाशन

4695, 21-ए, दरियागंज, नयी दिल्ली-110 002
फ़ोन : + 91 11 23273167, 23275710
शाखाएँ
अशोक राजपथ, पटना-800 004, बिहार
कॉफ़ी हाउस कैम्पस, महात्मा गांधी मार्ग, प्रयागराज-211 001, उत्तर प्रदेश
महात्मा गांधी अन्तरराष्ट्रीय हिन्दी विश्वविद्यालय, वर्धा-442 001, महाराष्ट्र
sales@vaniprakashan.in
vaniprakashan@gmail.com

Aadmi Ki Taraf
by Nida Fazali

ISBN : 978-93-5000-194-3
Ghazals

मूल्य : ₹ 299

आर. टेक ऑफ़सेट प्रिंटर्स, दिल्ली-110032 में मुद्रित

वाणी प्रकाशन का लोगो मक़बूल फ़िदा हुसेन की कूची से

उन सबके नाम, जिन सबने
मिल कर मुझे बनाया है

‘आदमी की तरफ़’ मेरा नया संकलन है। इससे पहले कई संकलन आ चुके हैं। इसकी एक विशेषता वे ग़ज़लें हैं जो मैंने क्लासिकल शायरों की ग़ज़लों के छन्द, रदीफ़ और काफ़ियों में लिखी हैं। इसका एक कारण है... मैं अतीत को बदलते हुए वर्तमान के आईनों में जाँचना-परखना चाहता था, उन बुनियादों की खोज करना चाहता था जो समय की निरन्तरता को दर्शाती हैं और आज को बीते हुए कल की रोशनी में चलना सिखाती हैं...

महात्मा बुद्ध ने कहा था...‘परिवर्तन एक यथार्थ है, परन्तु इससे बड़ा यथार्थ यह है कि परिवर्तन भी परिवर्तित होता है– इस मुसलसल तब्दीली को राजनीति नहीं स्वीकारती...शुद्धता केवल एक शब्द है, जो अब सिर्फ शब्दकोश में दफ़्न है। लेकिन राजनीति की दुकानें इसी सत्य के इनकार से दुकानदारी चलाती हैं...’

वक़्त के साथ मट्टी का सफर सदियों से
किसको मालूम, कहाँ के हैं, किधर के हम हैं

इन ग़ज़लों की शुरुआत अलाउद्दीन खिलजी और सुल्तान बलबन के युग के सूफ़ी निज़ामुद्दीन के शिष्य अमीर खुसरो की ग़ज़ल से की है। अमीर खुसरो फ़ारसी के बड़े शायर थे, लेकिन हिन्दुस्तानी भाषा में पहली ग़ज़ल और पहला दोहा इन्हीं की कलम से मन्सूब है–

खुसरो रैन सुहाग की जागी पी के संग
तन मेरा मन पीव का दोनों भये यक रंग

(दोहा)

जो यार देखा नैन भर मन की गयी चिन्ता उतर
ऐसा नहीं कोई अजब राखे उसे समझाय कर

(ग़ज़ल)

अमीर खुसरो के बाद, कबीरदास के यहाँ भी मुझे इस विधा का निशान मिला, ग़ज़ल का मतला है–

हमन है इश्क़ मस्तान हमन को होशियारी क्या
रहें आजाद या जग में, हमन दुनिया से यारी क्या

हजारी प्रसाद जी की पुस्तक 'कबीर' में यह ग़ज़ल शामिल है। खुसरो और कबीर से दुआ डिबाइवी तक इन ग़ज़लों के माध्यम से मैंने ग़ज़ल विधा के इतिहास के तकरीबन 700 वर्षों की यात्रा की है। इस यात्रा में मुझे इतिहास के हर मोड़ पर उस आदमी से ही मुलाकात हुई है जिसके लिए ज़मीन और आसमान के बीच नयी-नयी दीवारों का निर्माण किया गया है। पुराने शाइरों की तरह मैंने भी अपना रिश्ता उसी आदमी से जोड़े रखा है जो इन दीवारों के विभाजन का शिकार रहा है। फ़र्क़ सिर्फ़ इतना है पहले इस रिश्ते में मौत, ज़िन्दगी और कुदरत का दायरा बनता नजर आता है। मेरे दौर तक आते-आते इसमें बढ़ती हुई जनसंख्या और इससे जुड़े तिजारती मसले ज़्यादा गहरे और बहुआयामी बन चुके हैं। झूठ तथा सच की पहली परिभाषाएँ आज की उलझी हुई समस्याओं के विश्लेषण करने में न सिर्फ़ असफल हैं, वे नये सन्दर्भों की खोज का भी मुतालिब करती हैं।

मैंने इन ग़ज़लों के माध्यम से अपने जिस संसार को रचा है, वही इसमें शामिल कविताओं और दोहों में भी मिलता है—इस संसार में मैंने उस आम आदमी को कल और आज के आईनों में उतारने की कोशिश की है जो हमेशा से बेचेहरा और बेनाम है—मैंने अपने तौर पर इसको चेहरा और नाम देने का प्रयास किया है।

तारीख़ में महल भी है हाकिम भी तख़्त भी
गुमनाम जो हुए हैं वो लश्कर तलाश कर

अनुक्रम

दोहे

ग़ज़लें

नूह बहुत रोए

ख़ुश था बन्दा
मार के पत्थर
बोला कुत्ता घायल होकर
नजिस[1] अगर मैं हूँ
तो क्योंकर
तू है कैसे मुझसे बेहतर
कोई कमतर है न बहतर
एक ही रब के हैं सब पैकर
नूह[2] बहुत रोए ये सुन कर

1. नापाक
2. बाइबिल में एक पैगम्बर, जिनके बारे में कहा जाता है वो रोते बहुत थे—कुत्ते को इस्लाम में गन्दा मानते हैं।

नज़्म बहुत आसान थी पहले

नज़्म बहुत आसान थी पहले
घर के आगे पीपल की शाखों से उछल के
आते-जाते बच्चों के बस्तों से निकल के
रंग-बेरंगी चिड़ियों की चहकार में ढल के

नज़्म मेरे घर जब आती थी
मेरे कलम से
जल्दी-जल्दी
ख़ुद को पूरा लिख जाती थी

अब सब मंज़र
बदल चुके हैं
छोटे-छोटे चौराहों से
चौड़े रस्ते निकल चुके हैं
नये-नये बाजार
पुराने-गली मुहल्ले निगल चुके हैं
नज़्म से मुझ तक
अब मीलों लम्बी दूरी है!
इन मीलों लम्बी दूरी में
कहीं अचानक
बम फटते हैं

कोख में माँओं के
सोते बच्चे कटते हैं
मजहब और सियासत
दोनों नये-नये नारे रटते हैं
बहुत से शहरों
बहुत से मुल्कों से
अब चल कर
नज़्म मेरे घर जब आती है
इतनी ज़्यादा थक जाती है
मेरे लिखने की टेबिल पर
ख़ाली काग़ज़ को
ख़ाली ही छोड़ के रुख़्सत हो जाती है
और किसी फुटपाथ पे जाकर
शहर के सबसे बूढ़े शहरी की पलकों पर
आँसू बन कर सो जाती है।

ख़ुदा तू है कहाँ

ख़ुदा तू है कहाँ
तेरी बहुत...!
मुझको ज़रूरत है

तेरे होते हुए तो—
वक़्त पर सूरज निकलता था
हवा पेड़ों में रहती थी
नदी खेतों में बहती थी

अकेले रास्तों में
चाँद साथी बन के चलता था
तेरे होते हुए तो
हर भंवर के बीच साहिल था
तेरे होते हुए
हक़[1] था ख़ुदा
शैतान बातिल[2] था
कई नामों से तू
हरेक रस्मुल[3] ख़त में शामिल था

कहीं यूँ तो नहीं

1. सत्य, 2. झूठ 3. लिपि

तू अब नहीं उन आस्तानों में
बुज़ुर्गों से जहाँ मिलता था
तू
अगले ज़मानों में
ज़मीं को छोड़ के
तू
किसलिए है आसमानों में
मुहब्बत दर-ब-दर
बे आसरा
हरेक इबादत है
ख़ुदा तू है कहाँ
तेरी बहुत
मुझको ज़रूरत है।

इमारत में सराय

न अब वो
तुम हो पहले से
न अब वो
मैं हूँ पहले सा

यूँ ही बहती हुई नदियाँ
नयी सम्तें बदलती हैं
यूँ ही धरती की सीमाएँ
नये मुल्कों में ढलती हैं
ये ऊँची जो इमारत हैं
यहाँ पहले सराय थी
कई अनजान राहों से
मुसाफ़िर इसमें आते थे
वो अपनी बोलियों में
बे वतन
नग्में सुनाते थे
वो अपनी-अपनी
पोशाकों में
बाजारों में जाते थे
सभी अपनी किताबों में
ख़ुदा का नूर पाते थे
मुसाफिर जा चुके हैं

लेकिन उनकी बोलियाँ
उनके अकीदे
उनकी पोशाकें
यहीं की मट्टियों में
पानियों में
अब भी ज़िन्दा हैं
यही मट्टी, यही पानी!
किसी के गीत गाने में
यही मट्टी, यही पानी!
नया रस्ता बनाने में
यही मट्टी, यही पानी
सराय की जगह
ऊँची इमारत जगमगाये
हमेशा एक-सा रहता नहीं
कुछ भी ज़माने में

नोकीला पत्थर

गली के मोड़ पर
नोकीला पत्थर
लिये बैठा है
जो ठोकर पे ठोकर
सिपाही हो
कि शाइर
या कलन्दर
निकलते हैं सभी अब
इससे बच कर
सभी महफ़ूज़ राहों के हैं ख़ूगर
हरेक गिनती में
जो कम हैं बहत्तर[1]
उन्हीं की आँखों में देखा है अक्सर
गली के मोड़ का
नोकीला पत्थर
जहाँ पहले था
है अब भी वहीं पर

1. कर्बला में शहीदों की गिनती 72 थी।

अभी कुछ और किस्सा है

(बाइबिल के अनुसार, पैगम्बर ईसा सूली पर टाँगे जाने के बाद फिर से ज़ाहिर हुए थे।)

नहीं ठहरो
अभी पर्दा नहीं खेंचो
ड्रामा खत्म होने में
अभी कुछ सीन बाकी हैं
यहाँ तक तो
वो मुजरिम है
जो सूली पर लटकता है
यहाँ तक तो
बदन है वो
जो कीलों से कसकता है
यहाँ तक तो
वो ग़म है
जो दुखी माँ से छलकता है
जो अब तक
हो चुका है
खेल का वो
एक हिस्सा है
यहाँ से आगे जो लिक्खा है
वो
कुछ और किस्सा है

तमाशे को तमाशाई
यहीं गर छोड़ बैठेंगे
जो रिश्ता ज़िन्दगी का
मौत से है
तोड़ बैठेंगे!

ज़रा ठहरो,
अभी पर्दा नहीं खेंचो

झूठ को झूठ कहा सच को ही सच बोला है
उसको समझाइये वो शख़्स बहुत भोला है

गीत

तू!
तू है मेरी जाँ—
तू है मिरा दिल ज़िन्दगी।
क्यों...
खोई हुई है
आ के कभी मिल ज़िन्दगी!

जब भी मिली है, ऐसे मिली है
जैसे ख़फ़ा है तू
तन में बसी है, मन में भरी है
फिर भी जुदा है तू
मैं तेरा गीत हूँ
तू मेरी रागिनी
अपनी धुन में कभी—मुझको गा ज़िन्दगी

तू ही सज़ा है, तू ही जज़ा[1] है
कैसी अदा है तू
कभी ख़ला में, कभी सदा में
कभी हवा है तू
मेरे पैरों से चल
मेरी साँसों में ढल
अनकही, अनसुनी, कुछ सुना ज़िन्दगी...।

1. पुण्य

उनके नाम नहीं होते

दूसरों के लिए
लड़ने वालों के नाम नहीं होते
वो मुक़ामों से पहचाने जाते हैं
कालिंगा
व्यत नाम
अफ़गानिस्तान
बगदाद
दूसरों के लिए मरने वालों के नाम नहीं होते
वो गिनतियों से पहचाने जाते हैं
तीन लाख
एक लाख
बीस हज़ार

पहले जैसा ही था अब भी तेरी मेहनत का अनाज
तूने क्यों अपनी तराजू में इसे तोला है

तुम्हें सलाम

तुम घर के आगे की सड़क के
छोटे से हिस्से पर झाड़ू
लगा रहे हो

तुम खेत में थोड़े से बीज बखेर के
हल चला रहे हो

तुम पास की नदी से
अपने लिए
गागर भर पानी ला रहे हो

तुम हक़ीक़त में
मैली होती दुनिया के
एक हिस्से को जगमगा रहे हो

तुम हक़ीक़त में
चारों तरफ फैलती भूख में
थोड़ी-सी भूख मिटा रहे हो

तुम हक़ीक़त में
संसार भर प्यास को
गागर भर पानी पिला रहे हो

तुम खामोशी से
ज़िन्दगी के क़र्ज़ को
आसान किस्तों से चुका रहे हो
तुम्हें सलाम...

अपना हक़ माँगने वालों से सभी खाइफ है
चन्द बेकारों का सुनते हैं कहीं ये टोला है

अपना फ़र्ज़

तुम
उन्हें रोक तो नहीं सकते
जो—!
उजालों को काला करते हैं
छीन कर चाँद को
सितारों से
जंगलों में उछाला करते हैं

घर के गमलों की
प्यास को लेकिन
थोड़ा...!!
पानी पिला तो सकते हो

किसी बच्चे की
डोर में उलझी
एक तितली
छुड़ा तो सकते हो

बिजली घर के दुरुस्त होने तक
मोमबत्ती
जला तो सकते हो।

नये खिलौने

फौज का गोरा सिपाही
टैंक में बैठी तबाही
जंग में लड़ती गरीबी
तख़्त पर ज़िल्ले इलाही[1]
मेरे घर में
मेरी बेटी
इन खिलौनों की ज़बानी
इक कहानी लिख रही है
इस कहानी में
वो ख़ुद को
घर की रानी लिख रही है
और वो जो उसके घर में
काम वाली की है बेटी
उसको अपनी नौरानी लिख रही है
वो नयी तहरीर में
बातें पुरानी लिख रही है

1. बादशाह, जिसके सर पर ख़ुदा का साया होता है।

मेरी माँ है वो

(एक गोद ली हुई बच्ची का कन्फेशन)

क्या पता
कौन थी?
कहाँ है वो?

जन्म देते ही
छोड़ कर मुझ को
एक मुद्दत से लापता है जो
लोग कहते हैं मेरी माँ है वो

आईना...!
रोज मुझसे कहता है
मेरे आँखों में
उसकी आँखें हैं
होठ उसके हैं
मेरे होठों में
रंग है उसका
मेरे गालों में

कौन सी बोली बोलती थी वो?
किस इलाक़े से उसको निस्बत थी?
एक शब को वो

जिसकी चाहत थी
उस मुसाफ़िर की
कैसी सूरत थी

ख़ैर छोड़ो पुरानी बातों को
कैसा शजरा?[1]
कहाँ के दीन धरम
ख़ून तो जिस्म ही बनाता है
जिस्म को शख़्सियत बनाने में
सिर्फ माहौल काम आता है

मैं जहाँ हूँ
वही है घर मेरा
उसी घर से
रिवाज़ है मेरा
उसी घर में
समाज है मेरा

1. जन्मपत्री

मामूली पुर्ज़ा

वो एक मामूली
छोटा-मोटा
ज़रा-सा पुर्जा
गिरे अगर हाथ से
तो लम्हों नजर न आये
निगाह ढूँढे जिधर
उछल कर उधर न जाये

वो कब किसी के
शुमार में था
वो कब किसी की कतार में था
मगर यह कल
इश्तहार में था
उस एक मामूली
छोटे-मोटे, ज़रा-से पुर्जे ने
सर उठा कर
विशाल हाथी सी
धड़धड़ाती
मशीन को बन्द कर दिया है—

साँप ताली बजा रहा है

जो तुझसे पहले
जो मुझसे पहले
कभी हुआ था
जो तूने अजदाद[1] से सुना है
जो मैंने
तारीख़ में पढ़ा है

वो जब हुआ था
हुआ जहाँ था
न तू वहाँ था
न मैं वहाँ था

मगर अभी तक
सुना हुआ वो
पढ़ा हुआ वो
कभी मेरे घर के
दीपक बुझा रहा है
कभी तेरे रास्तों में
काँटे बिछा रहा है

1. पुरखे

ख़ुद है चुप आसमाँ में
लेकिन
वो साँप-आदम को जिसके कारण
ख़ुदा ने जन्नत बदर किया था
ज़मीं पे
ताली बजा रहा है।

बन्द दरवाज़ों से बाहर नहीं आते जंगल
तू ही कर बन्द इन्हें, तूने जिन्हें खोला है

क्या ये कम है

तुम किसी फुटपाथ पर हो
और रस्ता चल रहा है
पोस्टर में
वो जो लड़की हँस रही है
नौजवाँ तन्हाइयों में बस रही है
आसमाँ सर पर है
पैरों में ज़मीं है

कोई लाठी है न बम है
क्या ये कम है?

दूर बस्ती के किसी ग़ोशे में
काली उजरतों ने
थोड़ी...तोड़ा-फोड़ी की है
चलते-फिरते शहर के बस
एक ही रस्ते में ग़म है
क्या ये कम है?

बाअसर लड़कों ने
इक नाज़ुक बदन से
इक खिलौने की तरह खेला

फिर उसको तोड़ डाला
टूटे-फूटे
इस बदन का हाल
थाने में रक़म[1] है
क्या ये कम है?

खेल यूँ ही हर जगह
होता है जो, होता रहेगा
इतनी आबादी है
इसमें
कोई तो रोता रहेगा

ज़िन्दा लाशें यूँ ही
हर अख़बार में जलती रहेंगी
सरहदों पर सरहदों की
गोलियाँ चलती रहेंगी
ज़िन्दगी में
यूँ ही
सदियों से जिये जाने का दम है
क्या ये कम है?

1. लिखित

फ़्लैश बैक

गुज़री जो बीच रस्ते से बिल्ली
तो यूँ लगा
पायल बजाती
दौड़ रही है कोई गली

झुरमुट में फ़ाख़्ताओं के
उड़ती हुई हँसी
बैठी हुई मुण्डेर पर—चुपचाप चाँदनी
बादल में सरसराती
दुपट्टों की चाँदनी

आँसू भरी है आँख
कि खिलती हुई कली
डाली हवा में लचकी कि
खनकीं कलाइयाँ
लाली लहू की
काली घटाओं के आस-पास

चाय के कप में
करघा चलाता कबीरदास
देखा हुआ

बदलता है
यूँ देखने के बाद,
होता है कोई
सामने
आता है कोई याद

पाँच साल का चाँद

जो भी हुआ था
कैसे हुआ था?
किसने किया था?
पता नहीं है
बस इतना मालूम है
ज़िन्दा इन्सानों के
जिस्मों के बिखरे टुकड़ों में
मेरा बच्चा भी शामिल था...!!
कोई किसी की अँगूठी को
अपना रिश्ता मान रहा था
कोई किसी के नाम को
टूटी ऐनक से
पहचान रहा था

मेरे मातम की
कोई पहचान नहीं थी
किसे बताती कैसा था वो
छोटे-छोटे
हाथ-पाँव थे
बच्चा था—
औरों जैसा वो

पता नहीं
जिस लहद[1] पे
उसके नाम का पत्थर लगा हुआ है
उसमें वो कितना है
लेकिन
सर के ताक़ में
उसकी जो तस्वीर लगी है
उसमें वो पूरा है
अब तक
पाँच साल का चाँद ये मेरा
यूँ ही रहेगा पूरा
मैं हूँ ज़िन्दा
जब तक

---

1. क़ब्र

बेसर का मजमा

उन्हें इतना पता है!
बदन में
सिन्फ़े-नाज़ुक[1] के
कहाँ पोशीदा औरत है

उन्हें इतना पता है
बदन में मर्द के
जो निचला हिस्सा है
वहीं महँगाई के हर दौर में
सस्ती मुसर्रत[2] है

उन्हें पढ़ना नहीं आता
उन्हें लिखना नहीं आता
वो खाली पेट
चौपाओं-सा
जो मिलता है
खाते हैं
ज़मीं पर वो
ज़मीं वालों की
आबादी बढ़ाते हैं,

---

1. स्त्री 2. आनन्द

बिना सर का ये
मजमा[1]
जो बजाहिर बेहक़ीक़त है
उसी के हाथ में
हर ताज है
हर बादशाहत है
कई चूल्हे हैं
हर चूल्हे को
ईंधन की जरूरत है

1. भीड़

छोटी होती दुनिया

कहे हुए में
सच है कितना
सुने हुए में
झूठ है जितना
झूठ और सच की
अब कोई पहचान नहीं है
शोकेसों में
आदमी जैसा जो है
वो
इन्सान नहीं है

अपने अपने
मंसूबे
थैलों में डाले
हरे
गुलाबी
पीले काले

खुले हुए बाज़ार में
सारे
अपना साबुन

अपना चूरन
अपना चेहरा
        अपना दर्पण
        हाट लगा कर
        बेच रहे हैं
        व्यापारी ही
        व्यापारी के
        हाथ से गाहक
        खेंच रहे हैं
        खेल तमाशा जारी है
हर पल
मारा मारी है
छोटी होती
दुनिया की ये
एक बड़ी
बीमारी है

दोहे

मैं रोया परदेस में भीगा माँ का प्यार
दुख ने दुख से बात की, बिन चिट्ठी बिन तार

सीधा-सादा डाकिया, जादू करे महान
एक ही थैले में भरे, आँसू और मुस्कान

मज़हब को लिखने लगे, रस्तों के कंगाल
विष्णु के अवतार ने[1], छोड़ दिया नेपाल

स्टेशन पर खत्म की, भारत तेरी खोज[2]
नेहरू ने लिक्खा नहीं, कुली के सर का बोझ

1. नेपाल के राजा को विष्णु का अवतार माना जाता था।
2. पण्डित नेहरू की पुस्तक 'भारत एक खोज'।

चार कबूतर शाम को, बैठे थे चुपचाप
देखा तो बनने लगे, भाई, बहन माँ, बाप

अल्ला का ही शेर है, अल्ला ही को गाय
अल्ला के क़ानून में, जो मारे वो खाय

तुलसी तेरे राम के कमती पड़ गये बान
गिनती में बढ़ने लगी रावण की सन्तान

किस्मत-विस्मत कुछ नहीं सबका एक विधान
जगते का संसार है, सोते का श्मशान

हिन्दू का हो दान या, मुस्लिम की खैरात
गेहूँ चावल दाल का क्या मजहब क्या ज़ात

क्रिकेट, नेता एक्टर हर महफिल की शान
स्कूलों में क़ैद है, ग़ालिब का दीवान

घटती-बढ़ती उम्र का नाप नहीं आसान
ईसा बूढ़ा हो गया मरियम रही जवान

नक़्शा लेकर हाथ में बच्चा है हैरान
कैसे दीमक खा गई, उसका हिन्दुस्तान

ख़ुद ही बने अमीर तू ख़ुद ही रहे गरीब
ईश्वर अपने हाथ से, लिखता नहीं नसीब

मुंशी धनपत राय तो टंगे हैं बन कर याद
सुनने वाला कौन है, होरी की फरियाद

अग्नि ने पावन किया, सीता जी का नाम
राजा बन कर मौन थे अन्तर्यामी राम

ईसा अल्ला ईश्वर सारे मन्तर सीख
जाने कब किस नाम पर, मिले ज़ियादा भीख

तिनका-तिनका जोड़ के पंछी बाँधे नीड़
तिनकों में सब एक-से, इमली, पीपल, चीड़

घर वाले घर पर लिखें विलियम, अर्जुन, खान
मट्टी से मट्टी कहे सारे एक समान

मथुरा, अर्जुन, रुक्मिणी, किसके कितने श्याम
बंसी की हर टेर तो बोले राधा नाम

ग़ज़लें

क्लासिक शायरों के छन्दों में उर्दू में ग़ज़ल कहने की पुरानी परम्परा है। मैंने 13-14वीं सदी के अमीर खुसरो से बीसवीं सदी के दुआ डिबाइवी तक की ग़ज़लों पर ग़ज़लें लिखी हैं। ये अतीत के पैमानों में आधुनिक समय बोध की पहचान के समान है। बदलते समय के स्वभाव को इन ग़ज़लों की शब्दावली, शिल्प और कथ्य में देखा जा सकता है। मेरे ख़याल से वर्तमान को जानने के लिए अतीत का सही बोध आवश्यक है।

ये तो सच है तन्हा तन्हा ग़म बहलाना ठीक नहीं
लेकिन हर ऐरे-ग़ैरे से हाथ मिलाना ठीक नहीं

ये तो सच है हर मौसम का अपना इक सच होता है
लेकिन हर मौसम में इस सच को दोहराना ठीक नहीं

ये तो सच है वक़्त शहादत को ही अजमत लिखता है
लेकिन हर अजमत को सूली पर लटकाना ठीक नहीं

ये तो सच है किसी-किसी पल सब कुछ अच्छा लगता है
लेकिन ऐसे हर पल की तस्वीर बनाना ठीक नहीं

ये तो सच है कोई अचानक आँखों में बस जाता है
लेकिन दूर के हर मंज़र के पास भी जाना ठीक नहीं

सातों दिन भगवान के, क्या मंगल क्या पीर
जिस दिन सोए देर तक भूखा रहे फकीर

ज़र्खेज़ है ज़मीन भी बर्सात भी है ठीक
मौसम बदल भी सकता है ये बात भी है ठीक

इतना बड़ा है शहर तो, होगा कहीं तो कुछ
अपना तो दिन भी चैन से था, रात भी है ठीक

ग़म में किसी के ख़ुद को रुलाना भी है नमाज़
मस्जिद में मौलवी की मुनाजात भी है ठीक

मज़दूर का थकन के सिवा कौन शहर में
अपना हो कोई साथ तो फुटपात भी है ठीक

ओ जाने वाले भूख को रोटी खिलाता जा
अब तक तो तेरे पाँव भी हैं, हाथ भी है ठीक

किसी गली, किसी घर से पुकारने निकलो
फलनशीं को ज़मीं पर उतारने निकलो

जो होता आ रहा है, अब कहीं ऐसा नहीं होगा
कभी तो मिल के सब बोलो, नहीं ऐसा नहीं होगा

न जाने अब वो कैसा हो मगर जब उसको देखा था
यक़ीं है आज भी कोई हसीं ऐसा नहीं होगा

जहाँ सैलाब आता है वहाँ कश्ती भी होती है
चली जाए जमीं ज़ेरे ज़मीं ऐसा नहीं होगा

तुम्हारे असलहों[1] पर चाहे जो भी नाम लिक्खा हो
मगर मेरा तो रब्बुल आलमीं[2] ऐसा नहीं होगा

मैं अपनी जुस्तजू में हूँ न जाने कब मिलूँ ख़ुद से
कहीं भी यूँ ही झुक जाए जबीं ऐसा नहीं होगा

बच्चा बोला देखकर, मस्जिद आलीशान
अल्ला तेरे एक को, इतना बड़ा मकान

---

1. शस्त्र 2. क़ुरान की आयत—तमाम आलमों का ख़ुदा।

ये कैसी धूप-छाँव सी

ये कैसी धूप-छाँव सी
तन्हाइयों में है
जो पास है वो दूर की
परछाइयों में है

आते नहीं उतर के सितारे
ज़मीन पर
जितनी चमक-दमक है वो
ऊँचाइयों में है

जंगल में इक कुएँ ने मेरी
प्यास से कहा
पानी जहाँ कहीं भी है
गहराइयों में है

रफ़्तार की थकान को
जो चाहे नाम दो
राहे-सफर तो राह की
लम्बाइयों में है

कब कौन किस तरह से मिले
कुछ पता नहीं
यूँ तो तमाम शहर
शनासाइयों में है

मरने के बाद लाश कभी
बोलती नहीं
ख़ुद भी तमाशेवाला
तमाशाइयों में है

एक-सा रहता नहीं वक़्त

एक-सा रहता नहीं वक़्त
हमेशा सबका
कल हवेली थी जहाँ आज है
रस्ता सबका

आसमाँ देखते रहते हैं
नज़ूमी[1] यूँ ही
अपने अन्दर ही चमकता है
सितारा सबका

चाँद-सूरज भी लिखा करते हैं
लहरों का हिसाब
एक रफ़्तार से बहता नहीं
दरिया सबका

---

1. ज्योतिषी

घर से बाहर नहीं होती किसी
दुश्मन की तलाश
अपने ही आप से टकराता है
गुस्सा सबका

बस्तियों में कहाँ गुंजाइशें
जंगल जैसी
ये इलाका था कभी पहले
बसेरा सबका

किसी गली किसी घर से पुकारने निकलो
फलक से उसको जमीं पर उतारने निकलो

जो यार देखा नैन भर मन की गयी चिन्ता उतर

अमीर खुसरो 13वीं सदी में बलबन के युग में निज़ामुद्दीन के शिष्य थे (1253-1325)

मन्दिर भी था उसका पता
मस्जिद भी थी उसकी ख़बर
भटके इधर, उटके उधर
खोला नहीं अपना ही घर

कुछ दूर तक रस्ता भी था
पर्वत भी था दरिया भी था
फिर यूँ हुआ अपने सिवा
आया नहीं कुछ भी नज़र

वो रूप था या रंग था
हर पल जो मेरे संग था
मैंने कहा तू कौन है
उसने कहा तेरी नज़र

मेला लगा था हर जगह
बनता गया वो मस-अला[1]
कुछ ने कहा वो है इधर
कुछ ने कहा वो है उधर

कल रात कुछ ऐसा हुआ
अब क्या कहें कैसा हुआ
मेरा बदन बिस्तर पे था
मैं चल रहा था चाँद पर

कृष्ण वादा निभाने न जाने कब आये
तुम अपने हाथ से सूरज उभारने निकलो

1. समस्या

हमन है इश्क़ मस्ताना हमन को होशियारी क्या

कबीरदास (1440-1518)

ये दिल कुटिया है सन्तों की
यहाँ राजा भिखारी क्या...
वो हर दीदार में ज़रदार है
गोटा किनारी कथा....

सभी के सामने इक आईना है
अपनी सूरत का...
उसी सूरत की सबको जुस्तजू है
यारा यारी क्या...

उसी के चलने फिरने हँसने-रोने
की हैं तस्वीरें
घटा क्या, चाँद क्या, संगीत क्या
बादे बहारी क्या

ये काटे से नहीं कटते
ये बाँटे से नहीं बँटते
नदी के पानियों के सामने
आरी कटारी क्या

किसी घर के, किसी बुझते हुए
चूल्हे में ढूँढ उसको
जो चोटी और दाढ़ी में रहे
वो दीनदारी क्या...

हमारा मीर[1] जी से मुत्तफिक़
होना है नामुमकिन
उठाना है जो पत्थर इश्क का
तो हल्का भारी क्या

---

1. मीर का शेर—

मीर ये इश्क भारी पत्थर है
कल ये मुझ नातवाँ से उठता है

यूसुफ़े गुम सू आगा अब बकिन्आँ गमन न खा

कुली कुतुबशाह (1565-1611)

काम जो दुश्वार है
होगा वो आसाँ ग़म न खा
आदमी के ख़ोल से
निकलेगा इन्साँ ग़म न खा

क्या हुआ जो उठ गये
सारे तबीबों के मतब
दर्द के अन्दर ही
पोशीदा है दर्मा[1] ग़म न खा

जब तलक तू है
तू अपने मौसमों पर रख नज़र
तुझसे पहले भी
ज़मीं पर था गुलिस्तां गम न खा

1. इलाज

ख़ुश्क झीलों पर
उतरते हैं परिन्दे रोज़ कब
फिर किसी मौसम बदलने का
का है इम्काँ ग़म न खा

फ़ाख़्ता आयेगी
फिर से फैल जायेगी बबूल
जो है तुझमें
वो ही है तेरा निगहबाँ ग़म न खा

रात के बाद नये दिन की सहर आयेगी
दिन नहीं बदलेगा, तारीख बदल जायेगी

तुझ हुस्न सूँ उरूस बनी सब जहान क्या

मुल्ला नुसरती[1] (देहान्त 1674)

यूँ घूरता है बैठा हुआ
आसमान क्या
वो एक ही मकान है
सारा जहान क्या

जिसको भी देखिये वो
सनदयाफ़्ता है आज
अब मक्तबों में होते नहीं
इम्तहान क्या

आँगन में पेड़ हैं न
परिन्दे हैं आस-पास
तक्सीम हो गया है
मेरा ख़ानदान क्या

1. बेगापुर के बादशाह के दरबारी शाइर थे।

पहली सी वो जमीन
न वो आसमान है
मेरे लिये उदास है
सारा जहान क्या

तस्वीर जैसे बोलते
कूचे वो क्या हुए
दिल्ली से 'मीर' ले गये
अपनी जबान क्या

ये राम कहानी है न आराम कहानी

काज़ी मुहम्मद बहरी[1] (देहान्त 1717)

फिर गोया हुई शाम परिन्दों की ज़बानी
आओ सुनें मट्टी से ही मट्टी की कहानी

वाक़िफ नहीं अब कोई समन्दर की ज़बाँ से
सदियों की मुसाफ़त को सुनाता तो पानी

उतरे कोई महताब कि कश्ती हो तहेआब
दरिया में बदलती नहीं दरिया की रवानी

कहता है कोई कुछ तो समझता है कोई कुछ
लफ़्ज़ों से जुदा हो गये लफ़्ज़ के मआनी

इस बार तो दोनों थे नई राहों के राही
कुछ दूर ही हमराह चलीं यादें पुरानी

महमान कभी ऐसा भी आ जाता है घर में
कुछ दिन को नयी लगती है, हर चीज पुरानी

वृन्दावन के कृष्ण कन्हैया अल्ला हूँ
बंसी, राधा, गीता, गैया अल्ला हूँ

1. बहरी औरंगज़ेब के युग में, वलदखनी के समकालीन थे।

जिसे इश्क़ का तीर कारी लगे

वली दखनी (1668-1744)

(बेटी के लिए)

जिसे देखते ही ख़ुमारी लगे
उसे उम्र सारी हमारी लगे

उजाला सा है उसके चारों तरफ़
वो नाज़ुक बदन पाँव भारी लगे

वो ससुराल से आई है मायके
उसे जितना देखो, वो प्यारी लगे

हसीं सूरतें और भी हैं मगर
वो सब सैकड़ों में हज़ारी लगे

उसे देखना शेरगोई का फन
उसे सोचना दीनदारी लगे

चलो इस तरह से सजाएँ इसे
ये दुनिया हमारी तुम्हारी लगे

पहले जैसा ही दुखी है आज भी बूढ़ा कबीर
कोई आयत का मुख़ालिफ कोई मूरत के खिलाफ

जिसने कदम उठाया उसने निशाँ बनाया

सौदा (1713-1781)

छे दिन लगा के उसने सारा जहाँ बनाया
तुम जैसा और कोई फिर भी कहाँ बनाया

दोनों का वक़्त है अब तारीख़ की इबारत
इसने शजर उगाए उसने धुवाँ बनाया

जंगल, पहाड़, दरिया उसकी करम नवाज़ी
इनको घटा-बढ़ा कर हमने जहाँ बनाया

गौतम ने छोड़ा सबको मैंने भी ढूँढा रब को
उसने बसाया जंगल, मैंने मकां बनाया

अल्फ़ाज़ तो लुग़त में मीरास थे सभी की
मेरी ग़ज़ल ने इनको मेरी ज़बाँ बनाया

सूरज बुझा तो मैंने रौशन किया दिये को
आँधी थमी तो मैंने फिर आशियाँ बनाया

ज़िन्दगी कुछ तो बता आखिर तुझे क्या हो गया
आईना धुँधला गया या मेरा चेहरा खो गया था

कहते हैं सोज़-सोज़ जो यूँ ही सदा जला करो

मीर सोज़ (1720-1799)

अच्छी नहीं ये खामुशी
शिकवा करो गिला करो
यूँ भी न कर सको तो फिर
घर में ख़ुदा-ख़ुदा करो

शोहरत भी उसके हाथ है
दौलत भी उसके हाथ है
ख़ुद से भी वो मिले कभी
उसके लिए दुआ करो

देखो ये शहर है अजब
दिल भी नहीं है कम ग़ज़ब
शाम को घर जो आऊँ मैं
थोड़ा-सा सज लिया करो

दिल में जिसे बसाओ तुम
चाँद उसे बनाओ तुम
वो जो कहे पढ़ा करो
जो न कहे सुना करो

मेरी नशिस्त पे भी कल
आयेगा कोई दूसरा
तुम भी बना के रास्ता
मेरे लिये जगह करो

किसी में उसकी चाल है किसी में उसका रंग
थोड़ी-थोड़ी हर जगह माँ है सब के संग

इस्लाम छोड़ कुफ़्र लिया फिर किसी को क्या

नजीर अकबराबादी (देहान्त 1830)

जो भी किया, किया न किया
फिर किसी को क्या
ग़ालिब उधार ले के जिया
फिर किसी को क्या

दरिया के पार कुछ नहीं
लिक्खा हुआ तो था
दरिया को फिर भी पार किया
फिर किसी को क्या

उसके कई ठिकाने थे
लेकिन जहाँ था मैं
उसको वहीं तलाश किया
फिर किसी को क्या

होगा तो देवता मेरे
घर में तो साँप था
ख़तरा लगा तो मार दिया
फिर किसी को क्या

अल्ला अरब में, फ़ारसी
वालों में वो ख़ुदा
मैंने जो माँ का नाम लिया
फिर किसी को क्या

तुलसी की चौपाई हो या मीरा के गीत
तन में माँ का दूध ही जग में बाँटे प्रीत

आशना का क्या गिला नआशना के सामने

नासिख़ (देहान्त 1838)

कोई ऐसा भी ख़ुदा वाला
ख़ुदा के सामने
रखता जाए जो चराग़ों को
हवा के सामने

कल बहत्तर थे मगर है आज
लाखों का शुमार
हर तरफ अब क़र्बला है
कर्बला के सामने

हो सके तो अपने अन्दर की ज़मीं
हम वार कर
भर चुकी जितनी जगह थी
हर जगह के सामने

चंद घड़ियों की नुमाइश है
मरातिब की क़तार
फिर सभी मट्टी में मट्टी हैं
कज़ा के सामने

जब भी जिससे भीख मिल जाये
वही दस्तेख़ुदा
एक जैसे काबा-काशी हैं
गदा के सामने

हम तो इस जीने के हाथों मर चले

मीर दर्द (मीर दर्द और सौदा के समकालीन)

जिस तरफ़ वो मेरा
जादूगर चले
उस तरफ उठ-उठ के
हर मंज़र चले

कौन गुज़रा था
नदी के घाट से
सीपियों को छोड़ कर
गौहर चले

जिससे भी मिलने गये
हम सादा दिल
साथ उसको घर से ही
लेकर चले

शाम होते ही
पहाड़ों की तरफ़
छोड़ कर दीवारो-दर
पत्थर चले

उसको पाया तो नहीं
ढूँढा किये
हमसे जितना हो सका
वो कर चले

गिरजा में ईसा बसें मस्जिद में रहमान
माँ के पैरों से चले हर आँगन भगवान

वज़्ऐ-दुनिया ए ज़माना है तबीअत के ख़िलाफ़

रिन्द (1797-1857)

मेरी तेरी दूरियाँ हैं
अब इबादत के ख़िलाफ़
हर तरफ़ है फौज़ाराई
मुहब्बत के ख़िलाफ़

ख़ूने दारा[1], क़त्ले सरमद[2]
के अलावा शहर में
कौन है जो सर उठाये
बादशाहत के ख़िलाफ़

पहले जैसा ही दुखी है
आज भी बूढ़ा कबीर
कोई आयत का मुख़ालिफ़
कोई सूरत के ख़िलाफ़

1. दारा शिकोह 2. एक सूफी जिसने औरगंजेब का कत्ल करवाया था।

मैं भी चुप हूँ, तू भी चुप है
बात ये है सच है मगर
हो रहा है जो भी वो तो है
तबीयत के ख़िलाफ़

मुद्दतों के बाद देखा था उसे
अच्छा लगा
देर तक हँसता रहा वो अपनी
आदत के ख़िलाफ़

निर्मल निश्चल प्रेम था, या हाथों में स्वाद
हर भाजी हर दाल में माँ आती है याद

जाना जान जल्दी क्या है इन बातों को जाने दो

रिन्द (1797-1857)

जैसी जिसे दिखे ये दुनिया
वैसी उसे दिखाने दो
अपनी अपनी नज़र है सबकी
क्या सच है ये जाने दो

हर पैमाइश[1] रफ्तारों से
घटती-बढ़ती रहती है
मुझको भी अपने पैरों से
थोड़ा चल कर आने दो

फूलों को ऐसे मत तोड़ो
मौसम पर भी कुछ छोड़ो
शाखों पर खिलने वालों को
शाखों पर मुर्झाने दो

वक़्त से कह दो अभी न बोले
क्या होना है क्या होगा
जिनके पास है घर का नक़्शा
उनको घर बनवाने दो

1. नाप

लहर-लहर पर लिखा हुआ है
आज भी कल भी परसों भी
दरिया को पढ़ना चाहो तो
सूरज को ढल जाने दो

दिल पाके उसी ज़ुल्फ़ में आराम रह गया

कायम चाँदपुरी (1722-1793)

कोशिश के बावजूद
ये इल्ज़ाम रह गया
हर काम में हमेशा
कोई काम रह गया

छोटी थी उम्र और
फ़साना तवील था
आग़ाज़ ही लिखा गया
अंजाम रह गया

उठ-उठ के मस्जिदों से
नमाज़ी चले गये
दहशत गरों के हाथ में
इस्लाम रह गया

उसका कुसूर ये था
बहुत सोचता था वो
वो कामयाब होके भी
नाकाम रह गया

अब क्या बताएँ कौन था
क्या था वो एक शख़्स
गिनती के चार हर्फ़ों का
जो नाम रह गया

निरा बुरा नहीं ये मशग़ला भी है

इनामुल्ला ख़ाँ यक़ीन (1726-1755)

वो ख़ुश लिबास भी ख़ुश दिल भी
ख़ुश अदा भी है
मगर वो एक है क्यों उससे
ये गिला भी है

हमेशा मन्दिरो-मस्जिद में
वो नहीं रहता
सुना है बच्चों में छुप कर
वो खेलता भी है

न जाने एक में उस जैसे
और हैं कितने
वो जितना पास है उतना ही
वो जुदा भी है

वही अमीर जो रोज़ी रसाँ है
आलम का
फ़कीर बन के कभी भीख
माँगता भी है

अकेला होता तो कुछ और
फ़ैसला होता
मेरी शकस्त में शामिल मेरी
दुआ भी है

बहम मिल बैठते हैं जब सआदत यार खाँ और हम

इन्शा (देहान्त 1817)

हुए सबके जहाँ में एक जब
अपना जहाँ और हम

मुसलसल लड़ते रहते हैं
ज़मीनों-आसमाँ और हम

कभी आकाश के तारे ज़मीं पर
बोलते भी थे
कभी ऐसा भी जब साथ थीं
तन्हाइयाँ और हम

सभी इक दूसरे के दुख में सुख में
रोते-हँसते थे
कभी थे एक घर के चाँद सूरज
नद्दियाँ और हम

मुव्वरिखे[1] की कलम के चन्द लफ़्ज़ों
सी है ये दुनिया

---

1. इतिहासकार

बदलती है हरेक युग में हमारी
दास्ताँ और हम

दरख़्तों को हरा रखने के जिम्मेदार
थे दोनों
जो सच पूछो बराबर के हैं मुजरिम
बाग़बाँ और हम

जादूगर माँ-बाप है हर दम रहें जवान
जब बूढ़े होने लगें बन जाएँ सन्तान

जिसको कसू ने सब्ज़ न देखा बहार में

मीर सोज़ (1720-1799)

आयेगा कोई चल के ख़िजाँ से बहार में
सदियाँ गुज़र गयी हैं इसी इन्तिज़ार में

छिड़ते ही साज़ बज़्म में कोई न था कहीं
वो कौन था जो बोल रहा था सितार में

ये और बात है कोई महके कोई चुभे
गुलशन तो जितना गुल में है उतना है ख़ार में

अपनी तरह से दुनिया बदलने के वास्ते
मेरा ही एक घर है मेरे अख्तियार में

तशनालबी ने रेत को दरिया बना दिया
पानी कहाँ था वर्ना किसी रेगज़ार में

मसरूफ़ गोरकन को ये शायद पता नहीं
वो ख़ुद खड़ा हुआ है क़ज़ा की कतार में

ठानी थी दिल में अब न मिलेंगे किसी से हम

मोमिन ख़ाँ मोमिन (1800-1851)

जब से करीब होके चले
ज़िन्दगी से हम
ख़ुद अपने आईने को लगे
अजनबी से हम

कुछ दूर चल के रास्ते सब
एक से लगे
मिलने गये किसी से
मिल आये किसी से हम

अच्छे-बुरे के फ़र्क ने
बस्ती उजाड़ दी
मजबूर हो के मिलने लगे
हर किसी से हम

शाइस्ता महफ़िलों की
फ़ज़ाओं में ज़हर था
ज़िन्दा बचे हैं ज़ेहन की
आवारगी से हम

अच्छी भली थी दुनिया
गुज़ारे के वास्ते
उलझे हुए अपनी ही
ख़ुदआगही[1] से हम

जंगल में दूर तक कोई
दुश्मन न कोई दोस्त
मानूस हो चले हैं मगर
बम्बई से हम

1. आत्म ज्ञान

दिले नादाँ तुझे हुआ क्या है

ग़ालिब (1796-1869)

ये न पूछो कि वाक़िया क्या है
किस की नज़रों का ज़ाविया क्या है

सब है मसरूफ कौन बतलाए
आदमी का अता-पता क्या है

चलता-फिरता है कारवाने हयात
इब्तिदा क्या है इन्तहा क्या है

जो किताबों में है वो सबका है
तू बता तेरा तज़रिबा क्या है

कौन रुख़सत हुआ ख़ुदाई से
हर तरफ़ ये ख़ुदा ख़ुदा क्या है

सुनता नहीं कसू ही की वो यार देखना

जहाँदारशाह* (1752-1788)

दो-चार गाम राह को हमवार देखना
फिर हर क़दम पे इक नयी दीवार देखना

आँखों की रौशनी से है हर संग आईना
हर आईने में ख़ुद को गुनहगार देखना

हर आदमी में होते हैं दस-बीस आदमी
जिसको भी देखना हो कई बार देखना

मैदाँ की हार-जीत तो किस्मत की बात है
टूटी है किसके हाथ में तलवार देखना

दरिया के उस किनारे सितारे भी फूल भी
दरिया चढ़ा हुआ हो तो उस पार देखना

अच्छी नहीं शहर के रस्तों से दोस्ती
आँगन में फैल जाए न बाज़ार देखना

---

* मुगल बादशाह शाह आलम सानी के बेटे थे। शायरी के अलावा संगीत में भी दिलचस्पी रखते थे।

गुले तर को हव से खार न होने पाए

शिब्ली* नौमानी (1857)

दूसरों के लिए आज़ार न होने पाए
आदमी इतना भी ख़ुद्दार न होने पाए

ज़िन्दगी जैसी है वैसी ही नज़र आने लगे
इस कदर भी कोई हुशियार न होने पाए

किसी मूरत किसी क़ुदरत की ज़रूरत है यहाँ
मुफ़लिसी ख़ुद से ही बेज़ार न होने पाए

हर अदालत उसी मुजरिम को बरी करती है
जुर्म करके जो गुनहगार न होने पाए

कहीं उड़ने दो परिन्दे कहीं उगने दो दरख़्त
हर जगह एक-सा बाज़ार न होने पाए

उसके होने की हैं तावीलें[1] सभी की अपनी
किसी तकरार में इनकार न होने पाए

---

* शिब्ली हाली, आजाद और सर सैयद के समकालीन और कई अमूल्य पुस्तकों के लेखक थे। वो शाइर होने के साथ बड़े आलोचक और इतिहासकार भी थे।

1. तर्क

ऐसा आसाँ तो नहीं दिल का लगाना साहब

मीर महदी मजरूह (ग़ालिब के शिष्य थे)

ढूँढिये फिर कोई जीने का बहाना साहब
लौट के आता नहीं गुजरा ज़माना साहब

ज़िन्दगी से बड़ी होती नहीं कोई लैला
कैस के दौर में आशिक था पुराना साहब

घर के आँगन में ही बरगद भी है आईना भी
ख़ुद से मिलने को कहीं दूर न जाना साहब

धूप तो धूप है फिर उसकी शिकायत कैसी
अबकी बरसात में कुछ पेड़ उगाना साहब

बादबाँ बाँध के कश्ती को किनारे पे रखो
इक न इक रोज़ तो होना है रवाना साहब

हमारी बस्तियों के किस्सागो गुम हो गये शायद
ज़मीं पर अब फ़लक से कोई अफसाना नहीं आता

दिल नादाँ को समझाएँ कहाँ तक

शेफ्ता (1805-1868)

बताएँ क्या कहाँ से है?
कहाँ तक
ज़मीं पर वक़्त है जब से
जहाँ तक

नहीं आसान इतना ख़ुद
से मिलना
ये रस्ता जमीं से
आसमाँ तक

सफ़र में लापता बनता
गया वो
मैं समझा था उसे
उसके मकाँ तक

मिरी तारीख़ हर आलम
का किस्सा
मिरा जुगराफ़िया
हिन्दोस्तां तक

मुझे बाँटा गया
कुछ इस तरह से
मिरे मुँह में नहीं मेरी
ज़बाँ तक

इरादा बाँधने तक मेरी अपनी जिम्मेदारी है
फिर उसके बाद जो हो उसपे पछताना नहीं आता

तमाम तर्ज़े सुखन है बयान से बाहर

ओसत अली रश्क

तलाश कर न जमीं
आसमान से बाहर
नहीं है राह कोई
इस मकान से बाहर

बस एक दो ही कदम
और थे सफर वाले
थकान देख न पाई
थकान से बाहर

निसाब[1] दर्जा ब दर्जा
यूँ ही बदलता है
हुआ न कोई कभी
इम्तहान से बाहर

1. कोर्स

उसी की जुस्तजू अक्सर
उदास करती है
वो इक जहान जो है
हर जहान से बाहर

नमाज़ियों से कहो देखें
चाँद-सूरज को
निकल रहे हैं मुअज़्ज़न[1]
अज़ान से बाहर

गरीबी में गली-कूचे बहुत थे
अकेले पड़ गये आसूदगी में

1. अजान देने वाला

बात पर बात कही जाती है

हुज़ूर अजीमाबादी (1742-1792)

जिसके आगे से
नदी जाती है
वो इमारत भी
ढही जाती है

वो कहानी सी
जो हक़ीकत थी
अब किताबों में
पढ़ी जाती है

एक के बाद एक
दौर नया
यूँ ही तारीख़
लिखी जाती है

रौशनी खत्म कहाँ
होती है
शमा से शमा
जली जाती है

बहता रहता है
नदी का पानी
मौज आती है
चली जाती है

ये कैसी कशमकश है ज़िन्दगी में
किसी को ढूँढते हैं हम किसी में

हर कदम पर यहाँ डरो साहब

हुसैन अली तास्सुफ़ (आतश और नासिख़ के समकालीन)

मौलवी जो कहे सुनो साहब
अपना सोचा हुआ जियो साहब

अरबी आयतें मुकद्दस है
इनको उर्दू में भी पढ़ो साहब

माँ की तस्वीर, बाप की तहरीर
अपनी मीरास में लिखो साहब

दायँ-बायँ शरीर गालियाँ है
देख कर रास्ता चलो साहब

कोई चेहरा था सारा शहूर कभी
अब है वो किसका घर लिखो साहब

देवता पत्थरों में सोते हैं
तुम तो शिकवा गिला करो साहब

निकल आते हैं आँसू हँसते-हँसते
ये किस गम की कसक है हर ख़ुशी में

मुब्तिलाए ग़मो ज़फ़ा मत कर

मुहम्मद ख़ाँ फाइज़ (1690-1738)

जो भला है उसे
बुरा मत कर
ख़ुद से भी बारहा
मिला मत कर

ये है बस्ती उदास
लोगों की
कहकहा मार कर
हँसा मत कर

बाग़ है दिल फरेब
दोनों से
फूल को ख़ार से
जुदा मत कर

रोज़ की लान तान
ठीक नहीं
घर में आईने को
रखा मत कर

चेहरा मोहरा बदलता
रहता है
इतना जल्दी भी
फैसला मत कर

कोई हिन्दू कोई मुस्लिम कोई ईसाई है
सबने इंसान न बनने की कसम खाई है

इतनी खूँख्वार न थीं पहले इबादतगाहें
ये अक़ीदें हैं या इंसान की तन्हाई है

तीन चौथाई से ज़्यादा है जो आबादी में
उनके ही वास्ते हर भूख है महँगाई है

सिर्फ मन्सूबों में मौसम के बदलते हैं मिज़ाज
सिर्फ तकरीरें बताती हैं बहार आई है

अब नज़र आता नहीं कुछ भी दुकानों के सिवा
आज हर आँख तमाशे में तमाशाई है

कभी-कभी यूँ भी हमने अपने जी को बहलाया है
जिन बातों को ख़ुद नहीं समझे औरों को समझाया है

जीता तो अब तलक वाँ से फिरा नहीं

हैदर बख़्श हैदरी (1768-1820)

यूँ तो कोई कमी नहीं है सब कुछ है
क्या नहीं
देखे हुए में सोचा हुआ ही
मिला नहीं

रस्ते का पेड़ उखड़ने से
दिल ग़मज़दा तो है
इसकी ख़ुशी भी है कि वो मुझ पर
गिरा नहीं

जो हो चुका है उसका ही मातम
है हर जगह
होना है जो अभी
वो किसी को पता नहीं

तेरी समाअतों में भी
बस्ती का शोर था
ख़ामोशियों को मैंने भी
अपनी सुना नहीं

डाली से इक परिन्दा उड़ा
किस तरफ गया
अब जाने कब इधर से गुज़र
हो पता नहीं

ये जब की बात है तुम भी न थे निगाहों में
तुम्हारे नाम की ख़ुश्बू थी मेरी राहों में

वो आँख उठा के नहीं देखते परी की तरफ

अकबर इलाहाबादी (1846-1921)

कोई किसी की तरफ है
कोई किसी की तरफ
कहाँ है शहर में अब कोई
ज़िन्दगी की तरफ

सभी की नजरों से ग़ायब था जो
वो हाज़िर था
किसी ने मुड़ के नहीं देखा
आदमी की तरफ

तमाम शहर की शम्एँ उसी से
रौशन थीं
कभी उजाला बहुत था
किसी गली की तरफ

कहीं की भूख हो हर खेत
उसका अपना है
कहीं की प्यास हो जायेगी
वो नदी की तरफ

न निकले ख़ैर से अल्लाम[1]
कौल से बाहर
यगाना[2] टूट गये जब चले
ख़ुदी की तरफ़...

---

1. डॉक्टर इकबाल, जो 'ख़ुदी' को प्रतीक के रूप में इस्तेमाल करते थे—

ख़ुदी को कर बलन्द इतना कि हर तक़दीर से पहले
ख़ुदा बन्दे से ख़ुद पूछे बता तेरी रज़ा क्या है

2. उर्दू के नाराज़ शाइर, जिनकी नाराज़गी ने उनके युग के मुसलमानों को नाराज़ कर दिया था—

ख़ुदी का नश्श चढ़ा आप में रहा न गया
ख़ुदा बने थे यगाना मगर बना न गया

ये शीशा नहीं चोट खाने के क़ाबिल

शाद लखनवी (1805-1899)

बनाया था ख़ुद को
ज़माने के क़ाबिल
मगर क्या ज़माना था
पाने के क़ाबिल

मुकम्मल हुई दास्ताँ
तो ये जाना
बहुत कुछ है इसमें
भुलाने के क़ाबिल

हमेशा तो दिल में
रहेगा न कोई
ज़मीं ढूँढिये घर
बसाने के क़ाबिल

मुहब्बत नज़र बाँध
देती है वर्ना
हसीं थे बहुत दिल
लगाने के क़ाबिल

हँसी आज आती है
उन हादिसों पर
जो कल तक थे रोने
रुलाने के क़ाबिल

चलो बुत किसी का
यहाँ नस्ब कर दें
ये रस्ता नहीं आने
जाने के क़ाबिल

शाद का एक शे'र फिल्म में आकर काफी लोकप्रिय हुआ था—

न तड़पने की इजाज़त है न फ़रियाद की है
घुट के मर जाऊँ ये मर्ज़ी मेरे सैयाद की है

‘दिल है तो दिल के वास्ते दिलबर तलाश कर

दुआ डिबाइवी (1914-1992)

नज़दीकियों से दूर का
मंज़र तलाश कर
जो हाथ में नहीं है वो
पत्थर तलाश कर

कोशिश भी कर उम्मीद भी रख
रास्ता भी चुन
फिर उसके बाद थोड़ा
मुक़द्दर तलाश कर

तारीख़ में महल भी है
हाकिम भी तख़्त भी
गुमनाम जो हुए हैं वो
लशकर तलाश कर

सूरज के आस-पास
भटकने से फायदा
दरिया हुआ है गुम तो
समन्दर तलाश कर

उसका ही अक्स तो नहीं
दुश्मन के हाथ में
तुझमें छुपा न हो कोई
खंजर तलाश कर

रहता नहीं है कुछ भी सदा
एक सा यहाँ
दरवाजा घर का खोल ले
फिर घर तलाश कर

होश वालों को ख़बर क्या बेख़ुदी क्या चीज है
इश्क कीजे फिर समझिये ज़िन्दगी क्या चीज है

•••